Collection dirigée par Hélène Montardre

Correction scientifique : Philippe Dubois

Conception graphique : Sarbacane

Maquette : Studio Mango

Loi n° 49-956 du 16 juillet 1949

sur les publications destinées à la jeunesse

Dépôt légal : septembre 2002

Imprimé en France par PPO Graphic, 93500 Pantin

Mai 2005

N° d'édition : MO5026

Qui es-tu ?

Le petit chat

Textes de Hélène Montardre

MANGO JEUNESSE

Mais quel curieux !

Quel curieux, ce petit chat : il tient à peine sur ses pattes et il a déjà envie d'explorer le monde ! Un papillon vient danser sous son nez ? Hop ! Il essaie de lui donner un coup de patte. Un bruissement dans les feuilles ? Il l'entend. Ses oreilles sont grandes par rapport à sa tête et il peut les orienter dans toutes les directions. Un parfum savoureux ? Le voilà qui s'approche. Il avance avec précaution en posant délicatement le bout des pattes sur le sol. On ne l'entend pas venir…

Comme tous les félins, le chaton est souple, agile et adapté à la vie sauvage… même s'il est apprivoisé.

À TON AVIS :

Pourquoi le chat ne fait-il pas de bruit quand il marche ?

→ Réponse 1 : Parce qu'il marche toujours sur la moquette.

→ Réponse 2 : Parce qu'il a des coussinets sous les pattes.

→ Réponse 3 : Parce qu'il ne porte pas de chaussures.

... Le chat ne fait pas de bruit parce

Une peau dure et rugueuse recouvre les coussinets situés sous les pattes du chat. Grâce à eux, il marche sans faire de bruit. Mais ces coussinets lui servent surtout à amortir les chocs. Comme sa maman, le chaton sera un vrai acrobate. Il peut étirer son corps, l'aplatir ou se rouler en boule. Sa poitrine est étroite et il peut serrer ou écarter largement ses pattes avant : il arrive ainsi à se faufiler partout. Grâce à ses longues pattes arrière, il peut bondir haut et vite. Et s'il tombe, il atterrira sur ses pieds !

Pas facile de faire sa toilette ! C'est pourtant une des premières choses que maman chatte enseigne à ses petits. Car la fourrure du chat le protège du froid et de la chaleur, et elle doit rester bien propre.

qu'il a des coussinets sous les pattes.

Les moustaches du chat sont comme des antennes. Elles dépassent de chaque côté de sa tête et réagissent au plus petit contact. On les appelle aussi vibrisses.

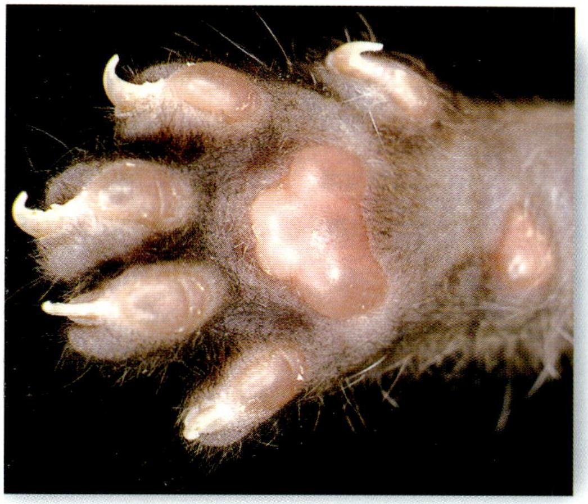

Aucun risque d'entendre les griffes du chat cliqueter sur le carrelage ! Elles sont rétractiles : cela veut dire qu'elles rentrent sous la peau et sortent... quand il en a besoin !

De jour ou de nuit, le chat a une très bonne vue. La nuit, sa pupille se dilate : elle s'agrandit pour recevoir le maximum de lumière.

Le jour, elle se rétracte : elle devient toute petite pour se protéger de la lumière.

Un amour de maman

La chatte porte ses petits dans son ventre pendant 63 à 70 jours. En moyenne, elle donne naissance à quatre ou cinq chatons à la fois. Mais elle peut aussi en avoir un… ou dix ! À peine nés, les chatons cherchent les tétines dans la fourrure de leur mère. Le premier lait qu'elle produit est un liquide très précieux : il contient des éléments qui protègent les nouveaux-nés contre les maladies. Les quinze premiers jours, la chatte ne quittera ses petits que pour manger et faire ses besoins. Si elle est inquiète, elle n'hésitera pas à déplacer ses bébés.

À TON AVIS :

Comment la chatte porte-t-elle ses petits ?

→ Réponse 1 : Dans sa gueule.

→ Réponse 2 : Accrochés à son cou.

→ Réponse 3 : Sur son dos.

Les petits chats naissent aveugles, sourds et sans dents. Ils sont minuscules : ils pèsent de 75 à 140 grammes, le poids d'un yaourt !

Pour déplacer ses petits, la maman chatte les prend délicatement par la peau du cou et les porte dans sa gueule.

La maman chatte est toujours inquiète pour ses petits. Souvent, elle les emporte vers un nouvel endroit, même si aucun danger ne les menace. Téter et dormir : c'est le programme des chatons pendant les deux premières semaines de leur vie. Mais ils se développent très vite : au bout du cinquième jour, ils commencent à entendre. À l'âge d'une semaine, ils ouvrent les yeux. Encore une dizaine de jours et ils se mettent debout. Bientôt, ils apprendront à s'asseoir.

Les dents de lait du chaton apparaissent deux à trois semaines après la naissance. Vers sept mois, elles seront tombées et les dents définitives auront repoussé.

... La chatte porte ses petits dans sa gueule.

À l'âge de trois semaines environ, le chaton commence à s'aventurer hors du « nid ». Mais ses mouvements ne sont pas encore bien coordonnés ! Pourtant, dans une semaine, il suivra sa maman pour apprendre à être propre.

Tous les petits chats ont les yeux gris-bleu à la naissance. La couleur commence à changer au bout d'une vingtaine de jours : ils deviennent bleus, orange, verts...

De toutes les couleurs

La maman est rousse et blanche, et parmi ses petits, il y a un chaton tigré, un tout blanc et un blanc et noir ! Normal. La chatte peut transmettre à ses petits ses propres caractéristiques et celles du papa. Mais elle peut transmettre aussi celles de ses parents, de ses grands-parents, ou celles des parents et des grands-parents du papa. Et comme les couleurs du poil des chats sont très nombreuses, il est difficile de prévoir celle des futurs chatons !

Pour avoir une idée de la couleur des chatons à venir, il faut bien connaître maman chatte, papa chat, et leurs ancêtres. De plus, la couleur et le dessin de la fourrure du chaton peuvent mettre six mois pour être définitifs.

À TON AVIS :

Qu'est-ce qui différencie les races de chats ?

→ Réponse 1 : Surtout l'aspect extérieur.

→ Réponse 2 : Surtout la taille.

→ Réponse 3 : Surtout le poids.

… C'est surtout l'aspect extérieu

La tête du persan est ronde et massive avec un nez très court et de petites oreilles arrondies. Sa fourrure est abondante et épaisse. Adulte, il aura une belle queue en panache.

Le sphynx est un chat… tout nu ! Il n'a pas de poils et sa peau est plissée. Elle est douce au toucher et craint les coups de soleil. Le sphynx peut être noir, blanc, bleu ou brun.

Chez les siamois, le chaton naît tout blanc. La couleur de son poil change progressivement à mesure qu'il grandit. Adulte, le siamois est un chat élégant avec une longue queue très fine.

qui différencie les races de chats.

Chez les chiens, il y en a de tout petits comme le caniche, et de très gros comme le labrador. Chez les chats, pas de différences aussi importantes. Certains sont un peu plus petits et d'autres un peu plus gros. Ce qui change ? Leur aspect extérieur. Certains ont le poil court, d'autres le poil long ou frisé ou encore… pas de poil du tout ! Certains sont noirs avec des yeux jaunes, d'autres parfaitement blancs. D'autres encore combinent trois couleurs.

Courte et épaisse, la fourrure de l'abyssin est très particulière : chaque poil porte des bandes de couleurs différentes. Ce sont elles qui lui donnent ces jolies nuances. L'abyssin est un chat long et mince avec une belle tête allongée aux oreilles grandes et pointues.

Dormir et manger

Le petit chat est un gros dormeur et il le restera ! Il choisit un endroit confortable, au chaud de préférence, et ferme les yeux. Il se réveille en douceur. D'abord, il bâille plusieurs fois. Puis il fait le dos rond, s'étire, allonge ses pattes arrière. Il retrouve ainsi tous ses réflexes qui se sont endormis avec lui.

Il ne lui reste plus qu'à se livrer à sa deuxième occupation favorite : manger. Car le chat est aussi un gourmand et un gourmet : il apprécie les bonnes choses.

Comment ronronne le petit chat ? Grâce à de « fausses » cordes vocales placées tout au fond de sa gorge. Quand il respire, l'air les fait vibrer plusieurs fois par seconde.

À TON AVIS :

Quel est l'aliment préféré du chat ?

→ Réponse 1 : Les épinards.

→ Réponse 2 : Les frites.

→ Réponse 3 : La viande.

Le chaton tète le lait de sa maman pendant deux mois. Ensuite, maman chatte chasse ses petits !

Le chat est d'abord un carnivore : cela veut dire qu'il mange surtout de la viande. Dans la nature, il chasse les souris, les mulots et les oiseaux de petite taille. Il poursuit les insectes et les lézards et essaie d'attraper les poissons. Quand les chatons ont quatre ou cinq semaines, la chatte leur porte un mulot ou un oiseau. Elle leur montre comment le pourchasser, le tuer et le manger. Un mois plus tard, elle emmène ses petits à la chasse et leur apprend à se débrouiller tout seuls.

Dès le début du deuxième mois, le petit chat imite sa mère en goûtant sa pâtée. Il s'habitue ainsi à d'autres aliments.

... L'aliment préféré du chat est la viande.

Même bien nourri, un chat continue à chasser. Il ne mange pas ses proies, mais les rapporte à son maître. C'est comme un cadeau.

Le chat boit très peu. Il trouve l'eau dont il a besoin dans sa nourriture. Mais comme il est curieux, il ne peut s'empêcher de jouer avec l'eau qui coule.

Découvrir le monde

Dès l'âge de quatre semaines, encore tout tremblant sur ses pattes, le petit chat commence à s'intéresser à ce qui l'entoure. Comme sa maman, il va guetter et essayer d'attraper tout ce qui bouge : une mouche, un bout de ficelle… Il aime le jeu et, bien souvent, il restera joueur, même devenu adulte. S'il a des frères et sœurs, il se bagarre avec eux. En grandissant, il devient plus adroit et s'aventure de plus en plus loin. Bientôt, il sait grimper aux arbres… mais pas toujours redescendre.

En grandissant le chaton change. Son corps s'allonge et s'affine et ses muscles se développent. Sa tête, qui grossit moins vite que le corps, semble plus petite.

À TON AVIS :

Pourquoi le petit chat aime-t-il jouer ?

→ Réponse 1 : Parce qu'il a peur de s'ennuyer.

→ Réponse 2 : Parce que c'est sa façon d'apprendre.

→ Réponse 3 : Pour se faire remarquer.

... Le petit chat aime jouer parce

Le chaton apprend et grandit en jouant. Quand il se bat avec ses frères et sœurs, il développe ses muscles et ses réflexes. Quand il joue avec une plume, une ficelle ou un insecte, il s'entraîne à chasser. Il apprend ainsi les mouvements qu'il doit faire pour attraper un objet. Plus il grandit, plus il prend de l'assurance. Il part alors explorer le monde et délimite son territoire : un espace plus ou moins grand où il se sent chez lui.

Hop ! Le voilà qui saute en l'air, les pattes avant te
comme s'il voulait frapper le bouchon suspendu au
de sa tête. Il ferait la même chose pour attraper un

Le petit chat est souple : de sa patte avant,
il joue avec la ficelle... comme avec une souris.

que c'est sa façon d'apprendre.

Quand il a peur, le petit chat fait le gros dos et hérisse ses poils. Un muscle minuscule, appelé muscle horripilateur, situé à la base de chaque poil, lui permet de gonfler sa fourrure.

Le chat appartient à la classe des **mammifères** : cela signifie que la femelle allaite ses petits. Il appartient à l'ordre des **carnivores** : cela signifie qu'il mange surtout de la viande. Il appartient à la famille des **félidés** (ou félins), comme le lion, le tigre ou la panthère. Son nom latin est ***Felis catus*** : tous les animaux ont un nom savant qui est compris par les scientifiques du monde entier. Dans la nature, un chat ne vivra guère plus de **7** ou **8 ans**. Avec les hommes, il peut vivre jusqu'à **15** ou **20 ans**.

Les oreilles du petit chat sont très sensibles. Il entend de loin le moindre bruissement !

La queue du chat compte une vingtaine d'os. Elle lui sert de balancier : c'est en partie grâce à elle qu'il a un si bon équilibre.

Avoir

Choisir son chat

Pour un chat de race, mieux vaut s'adresser à une fédération féline ou à un éleveur. Sinon, on peut s'adresser à des voisins dont la chatte vient d'avoir des petits, consulter les petites annonces, ou demander à un vétérinaire. Un chat de race ne sera ni plus ni moins intelligent et robuste qu'un chat « de gouttière ».

un chat

Un chaton en bonne santé doit avoir :

- un pelage propre et brillant,
- un corps ferme et musclé,
- des oreilles roses et propres,
- des yeux brillants, propres et bien ouverts,
- des dents blanches avec des genives et une langue roses,
- un nez propre, humide et brillant,
- un arrière-train tout propre, sans trace de diarrhée.

La nourriture

Ce que le chat préfère, c'est la viande. Il adore également le poisson... cuit et sans arêtes. On peut lui donner aussi du riz bien cuit et des légumes mélangés à la viande ou au poisson. Les aliments industriels (croquettes ou boulettes) constituent des mélanges complets et équilibrés. Le chat boit peu, mais il ne faut pas oublier de lui laisser une écuelle d'eau à disposition.

Les premiers jours

Pour être séparé de sa maman, le chaton doit être sevré. Il a alors environ huit semaines. Il s'habituera rapidement à sa nouvelle maison, mais il lui faut un petit coin où dormir et s'installer au calme... au chaud de préférence !

La propreté

En général, un chaton est propre à l'âge de six ou sept semaines. Il apprend à faire dans le bac en imitant sa mère. Le bac à litière doit être placé dans un endroit calme et accessible. La litière doit être changée très régulièrement. Quand cela est possible, le chat ira facilement faire ses besoins à l'extérieur.

LE PETIT CHAT

Crédit photographique